HARMONIE-JOUJOU

RECUEIL D'EXERCICES

SUR

TOUS LES PRINCIPES D'HARMONIE

RENFERMANT DOUZE APPLICATIONS

SUR LES INTERVALLES SYMPHONIQUES

ET VINGT-QUATRE

SUR LES ACCORDS ET LES CADENCES

Composé spécialement pour l'HARMONIE-JOUJOU, système Ferdinand BELLOUR

PAR

P. ESPENT, PROFESSEUR

Organiste au Sanctuaire de Notre-Dame de la Garde.

PREMIÈRE PARTIE N° 1

MARSEILLE

TYPOGRAPHIE ET LITHOGRAPHIE MARSEILLAISE MARIUS OLIVE

RUE SAINTE, 39

1878

HARMONIE A DEUX PARTIES — INTERVALLES SYMPHONIQUES
HARMONIE-JOUJOU. PARAGRAPHE. 53.— PREMIÈRE PARTIE

Graziozo.
N.º 5.
Andantino
N.º 6.
Non. troppo allegro.
N.º 7.
Andantino.
N.º 8.

Andante.
Nº 9.
Andante.
Nº 10.
Allegretto.
Nº 11.

HARMONIE A PLUS DE DEUX PARTIES

HARMONIE-JOUJOU. PARAGRAPHE 89

Des six accords fondamentaux et de leurs renversements.

ACCORD PARFAIT

Dans les basses mesurées, qui vont suivre, comme il s'agit de faire composer à l'élève un morceau de musique, nous lui laissons la liberté de changer la valeur de ces basses, sans toucher à la mesure bien entendu.

Andante
N.º 3.
Andantino.
N.º 4.
Andantino.
Fin
N.º 5.
D.C.
Andante.
N.º 6.
Andantino.
N.º 7.

Andantino.
Fin.
D.C.
Adagio.
Allegro Maëstoso.
Andantino.
Lento.
Nº 8.
Nº 9.
Nº 10.
Nº 11.
Nº 12.

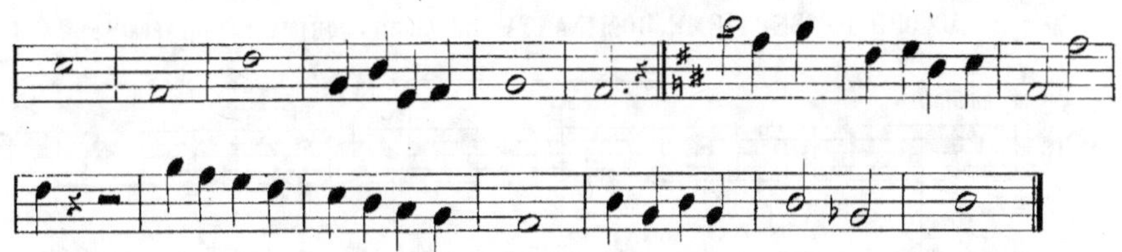

NOTA.- *Si nous nous sommes étendus si longuement sur l'accord parfait c'est parce qu'il est le plus usité de tous les accords et que c'est celui qui offre le plus de ressources harmoniques.*

ACCORD DE QUINTE DIMINUÉE.

Harmonie-Joujou. Paragraphe 90.

Andante.

Nº 13.

Quasi allegretto.

Nº 14.

Andante.

Nº 15.

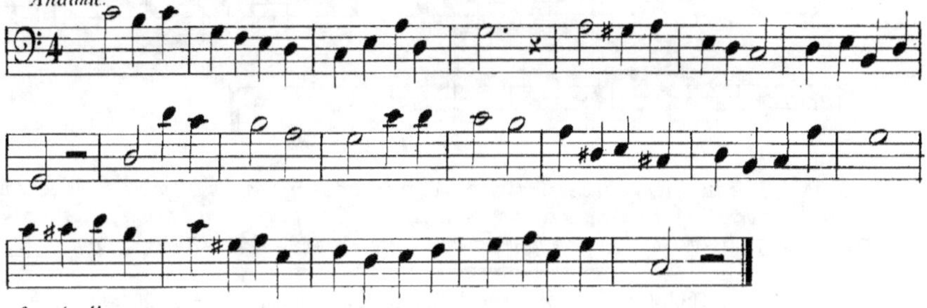

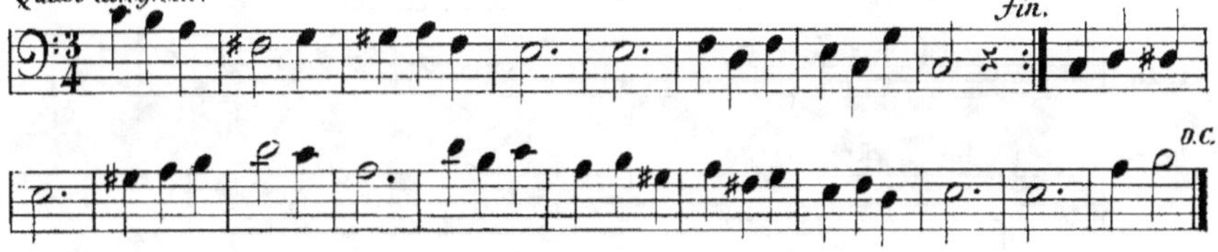

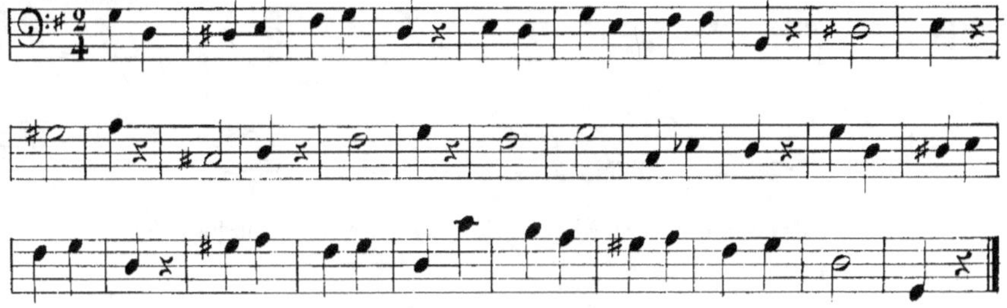

ACCORD DE SEPTIÈME DOMINANTE Harmonie-Joujou. Paragraphe 94.

NOTA: *Bien que dans le cours élémentaire de l'harmonie-Joujou, l'accord de Septième Sensible précède celui de Septième Diminuée, nous avons cru devoir intervertir cet ordre, attendu que l'accord de Septième Sensible n'existe pas dans le mode mineur, et que nous le rencontrerons forcément dans nos applications à l'accord de Septième Diminuée*

ACCORD de SEPTIÈME DIMINUÉE   Harmonie-Joujou. Paragraphe 96.

N.° 21. *Andante.*

NOTA : *Nous ne donnons pas d'application sur l'accord de neuvième dominante, parce qu'il est d'un emploi très-difficile, et d'ailleurs peu usité : Nous craindrions d'embarrasser les jeunes élèves en leur faisant traiter cet accord; nous aurons occasion de l'employer dans la seconde partie de cet ouvrage.*

DES CADENCES.

Harmonie-Joujou. Paragraphe 99.

N.° 22. *Moderato.*

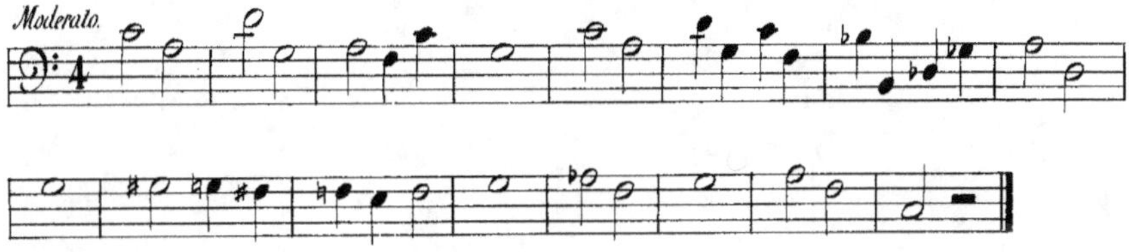

N.° 23. *Moderato.*

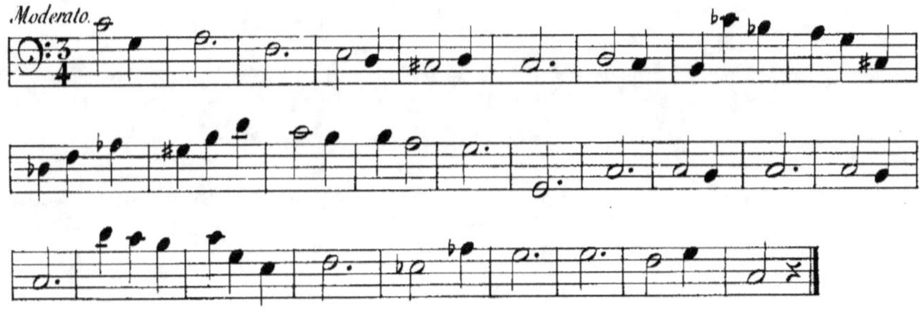

N.° 24. *Moderato.*

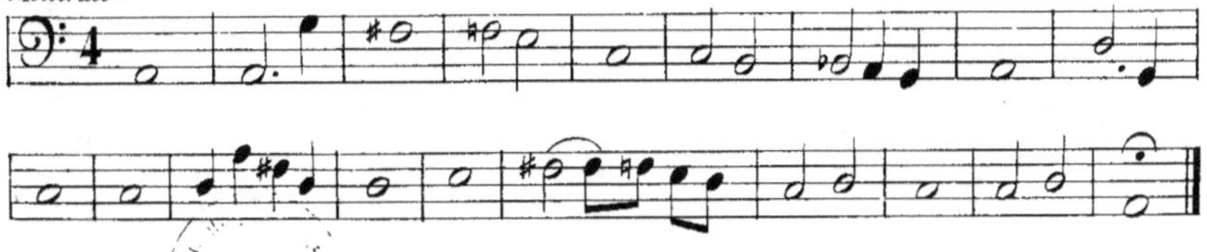

FIN DE LA PREMIÈRE PARTIE